हार जाना, मर जाना नहीं होता

शा'इराना अंदाज़ में आपकी नज़र करतें हैं

संजय कुमार

हर शख्स कामयाबी की उड़ान चाहता है,

पखों में जान चाहता है,

ख़्वाबों को जीना इतना आसां नहीं है,

एक ख़्वाब की उड़ान भरने के लिए

कई रातों की नींद उड़ जाती है,

यूँ ही नहीं सोते सोते,

क़ामयाबी की उड़ान मिला करती है।

अच्छे उद्देश्य के लिए जी-जान से पल-पल मेहनत करने वालों
को समर्पित।

क्रम-सूची

क्रम-सूची

क्रम-सूची

क्रम-सूची

क्रम-सूची

प्रस्तावना

जिन्दगी संघर्षों का जाल है, इसमें रहने की एक कला है, जो इस कला में निपुण हो जाते हैं वो जिंदगी के मकसद को समझ लेते हैं। जो इस कला को नहीं सीख पाते वो सफ़लता और ख़ुशी के लिए तरसते रहते हैं, और ये तरसना ही बहुत दुःखदाई होता है।

जिन्दगी जैसे भी जिओ,

गुज़र जाती है,

गुजरने के बाद तो

सिर्फ राख ही रह जाती है।

जिन्दगी बहुत कीमती है, जिन्दगी को समझो, ख़ुद को जानो और ख़ुद को कुछ नया बना दो, ब्रह्माण्ड ने सब में कुछ नया रचा है,

ख़ुद को ज़ाहिर करो ये काम सिर्फ आपका अपना है।

हर शख़्स की समस्या का समाधान इसी जहाँ में है,

मायूस होना थोड़ी देर के लिए ठीक है,

मायूस हो कर जिन्दगी गुजारना ठीक नहीं है,

अगर तेरी समस्या का हल मुझ से नहीं मिलता,

तो तू और मायूस न हो, मैं तो तेरी राह में एक तजुर्बा हूँ,

और दूसरे भी कई और हल तुझे मिलेंगे,

तू ख़ुद को ख़ुद में,

तलाशने के सफ़र में निकल जा,

तुझे मुझ से भी और ज़्यादा अच्छे तजुर्बे मिलेंगें।

तू और मायूस न हो,

हर शख़्स की समस्या का समाधान इसी जहाँ में है।

यह पुस्तक सफ़लता और असफ़लता, ख़ुशी और ख्वाहिशें, ख्यालों का खुला आसमाँ, रिश्तों के टूटते पहलुओं की तसवीर और भी बहुत कुछ बयाँ करती है। जज़्बातों, ख्वाहिशों और ख्यालों के टिमटिमाते सितारों को ज़हन के खुले आसमां से सहज कर इस पुस्तक में पिरोने की कोशिश की है और यह कोशिश ख़ुद-ब-ख़ुद आगे बढ़ती गई और जज़्बातों का सफ़र आप तक पहुँच गया है। इक गुजारिश है के मैंने इस पुस्तक में कई जगह उर्दू के शब्दों का उपयोग किया है, आप पढ़ते समय अपने प्रायवाची हिंदी का उपयोग करके इसे अपनी रूचि के अनुसार आनन्दित हो सकते हैं।

भूमिका

कविता और शायरी एक ऐसी भाषा है, जो शब्दों से परे दिल से दिल तक पहुँचती है। जिसे हर संवेदनशील आत्मा महसूस कर सकती है। यह पुस्तक उन अनकहे जज़्बातों, अनछुए एहसासों की एक सजीव तस्वीर है, जिन्हें शब्दों में पिरोकर पेश किया गया है। इस संग्रह की हर पंक्ति दिल की गहराइयों से निकली है, भावनाओं के हर रंग को छूती है और अंततः पाठक को खुद से मिलवाती है। इन शब्दों में आपको अपनी परछाईं दिखेगी, कभी एक सोचते हुए इंसान की और कहीं भीतर के टूटे-बिखरे टुकड़ों की सच्ची तस्वीर। उम्मीद है कि यह कविता और शायरी आपके दिल को भी वैसे ही छू जाएँगे जैसे ये मेरे दिल से निकले हैं। यह संग्रह हर उस पाठक के लिए है जो महसूस कर सकता है, जो सोच सकता है और जो खुद को समझने की चाह रखता है। मैंने जीवन को सिर्फ जिया नहीं, बल्कि महसूस भी किया है, उम्मीद है *हार जाना, मर जाना नहीं होता* की कविताएँ और शायरी आपको खुद से और शायद मुझसे भी जोड़ पाएँगी। यही अनुभव इस पुस्तक के रूप में आपके सामने है।

एक आवाज़
संजय की कलम से

1. वक़्त से आगे दौड़ कर

कुछ लोग मंज़िल पर पहुँचने का,
अपने तजुर्बे से हिसाब लगाते हैं,
हम तो वो हैं,
जो बेहिसाब दौड़ लगाते हैं।
दौड़ में शामिल हो कर ही,
साँसों की रफ़्तार का अंदाज़ा लगता है,
यूँ ही नहीं टूटतीं,
वक़्त की सीमाएँ ,
वक़्त से आगे दौड़ कर,
पता लगता है।

2. क्यूँ यूँ ही ज़माने को मुसीबत में डालें

साजिश शुरू करने के लिए,
हम शतरंज ढूंढते हैं,
क्यूँ यूँही ज़माने को मुसीबत में डालें,
लोग मज़ा ढूंढते हैं क़त्लेआम करने को ।

3. क्यूँ रोकूँ अपने क़दमों को

मुझे यकीं है खुद पर,
पर लोग अंदाज़ा लगाते हैं,
मेरे यकीं पर,
मंज़िल पर पहूंच पाऊँगा या नहीं पहूंच पाऊँगा, ये तो वक़्त
बताएगा,
क्यूँ रोकूँ अपने कदमों को ,
रास्ता ही मंज़िल बताएगा।

4. अपना बनाने को

ज़माना ख़ाली प्याला है,
कुछ शरबत तो कुछ शराब ढूंढ़ते हैं,
दिल बहलाने को,
और हम दिल ढूंढ़ते हैं,
अपना बनाने को।

5. हँसने का लहज़ा भी बदल गया

नये ज़माने में,
हँसने का लहज़ा भी बदल गया,
रोना तो क्या सहना भी बदल गया,
क़यामत से निकल कर भी,
कभी कभी जीत हासिल नहीं होती,
हारे हुऐ की तो शक़्ल भी नहीं होती।

6. रोते हुऐ को भी क़त्ल कर देते हैं

टूटे जज़्बातों की शायरी तो,
जज़्बात हिला देती है,
सौ आने सच कह दूँ,
कमबख़त बेदर्द लोग तो,
रोते हुऐ को भी क़त्ल कर देते हैं।

7. शुक्र है ख़ुदा का

मुझे तस्सअल्ली है की मैं शब्दों के एहसासों को,
समझने वालों के बीच बैठा हूँ,
वर्ना ज़माना तो ख़ुदा में भी नुक़्स ढूंढ़ता है।
मुझ में बोलने का हुनर नहीं है,
शुक्र है ख़ुदा का,
समझने वालों के बीच बैठा हूँ।

8. शायर का यूँ ही क़त्ल हो जाए

ख्यालातों में बंदिश हो जाए तो,
शायर का यूँ ही क़त्ल हो जाए,
और महोब्बत भी बिना एहसासों के दफ़न हो जाए,
और ज़माना मुर्दा सा नज़र आये,
ख़ुदा की रेहमत है,
के ख्यालों का खुला आसमां है ,
वर्ना, ज़माना भी बंदिश में नज़र आये।

९. ख्यालात बड़े ज़ालिम हैं

मैं अक्सर चोट खाता हूँ ,
बेवजह सोचने पर।
मंज़िल पर पहुचने से पहले,
ख्यालात बड़े ज़ालिम हैं,
जो मुझे मंज़िल पर,
पहुचने नहीं देते।

10. हँसते हुए भी निकलता है दम

कितना मशरूफ़ था बचपन,
अपनी खुशीओं में,
रोते हुए भी,
हँसता था बचपन।
आज जिस दौर में हैं हम,
हँसते हुए भी निकलता है दम।

11. हार जाना, मर जाना नहीं होता

समझने दो, लगाने दो हिसाब,

बेसमझ लोग भी है यहाँ,

दौड़ में पीछे रहने का मतलब,

सिर्फ, हार जाना निकालते हैं लोग।

हम दूसरे से, थोड़ा अलग सोचतें हैं,

मुआफ़ कीजियेगा,

इसीलिए हम ,

थोड़ा कम बोलतें हैं।

हार जाना, मर जाना नहीं होता,

आख़री साँस ही बताती है,

फ़ैसला ऐसे नहीं होता।

12. चेहरे से हँसीं चुरा लेते हैं

चेहरे पर हँसीं को,
मेहफ़ूज़ रखना आसां नहीं,
लोग हँसते हँसते,
चेहरे से हँसीं चुरा लेते हैं।
आगे गौर फरमाईयेगा . . . .
हम असलीयत में हँसते हैं,
और लोग हँसने का नक़ाब पहन लेते हैं।

13. कम्बख़त, आरज़ू ज़माने से डरा है

भागती हुई सड़क पर,

सफ़र में थोड़ा रुक कर,

चलो. . , इस जगह को भी देखते हैं।

इस भागते सफ़र में,

रुकने का,

ये तजुर्बा भी देखते हैं।

यहाँ दीखे मुझे ,

सैंकड़ो हँसते हुए चेहरे ,

कुछ उम्मीदों से भरे, तो कुछ उम्मीदों से डरे,

इनका जिक्र भी बहुत लाजवाब है,

किसी का फ़लसफ़ा महोब्बत से भरा है,

तो किसी को महोब्बत से मलाल है,

हर दिल, आरज़ू से भरा है,

कमबख्त, आरज़ू ज़माने से डरा है।

14. फूलों को हँसने नहीं देती

ये कैसी रुकावट है,
जो फूलों को हँसने नहीं देती,
माना के ज़माने के फ़लसफ़े में,
कुछ असूल हैं, हँसने को बांधने के,
पर ग़ैरत ज़माने को भी,
इतना समझने के काबिल होना होगा ,
के फूलों की महक को, बांधा नहीं जाता।

15. मुझे शोहरत की ज़रूरत नहीं

मेरे चलने का अंदाज़,
शोहरत से कहीं ज़्यादा है,
मुझे शोहरत की ज़रूरत नहीं,
मेरा कुछ करना ही,
शोहरत से कहीं ज्यादा है।

16. मंज़िल से पहले

ये ख़्याल रखना के,

एक पल भी बोरियत का ख़्याल न आये,

समझीये इस बात को ध्यान से,

जहाँ सफ़र में ये एह्सास हो गया,

के आप अब, कब पहुँचेगें मंज़िल पर,

यहीं से शुरू हो जायेगा, रुकावटों का सफ़र,

सफ़र की तैयारी से पहले,

मेहफ़ूज़ कर लीजिये, कुछ बातें ज़ेहन में,

मंज़िल से पहले,

बहुत चुभेगें कांटे ज़ेहन में,

चेहरा मुरझा जायेगा,

कदमों में जब चुभन होगी,

याद रखीयेगा . . . ,

छिलते हुए कदमों से ही हासिल मंज़िल होगी।

17. जज़्बातों को बांधना आसां नहीं है

बयाँ करते हैं दिल के राज़ को,

ज़रा ध्यान से सुनिएगा,

मैं ख़ूब रोया,

अँधेरे में जाकर,

जज़्बातों को बांधना आसां नहीं है,

कभी जुबां से,

कभी आँखों से,

तो कभी हरकतों से दिख जातें हैं

ये न दिखें, इसीलिए पहले ही हम,

अँधेरे में चले जातें हैं।

18. ये मंज़र सिर्फ वही जानते हैं

जज़्बातों की,
कहानी की नज़म,
सुनाते हुए,
जज़्बात पीघल जाते हैं,
मैंने बहुतों को बिलखते हुए,
बोलते देखा है,
उनके चेहरे पर दर्द,
आँखों से आँसू और गला भरा हुआ होता है,
ये मंज़र सिर्फ वही जानते हैं,
जिनका सामना इनसे हुआ, हुआ होता है।

19. तजुर्बे संभाल लेते हैं

बच्चा रोता है तो माँ-बाप संभाल लेते हैं,
बड़े रोते हैं तो तजुर्बे संभाल लेते हैं।

20. मैंने तो इसे कम समझा था

इस जहाँ में,

ख़्वाहिशों की लहर बहुत आई है,

जिस व्जह से, हर ख़्वाहिश ही लहर हो जाती है,

अक्सर समँदर में लहरें उठती हैं,

मैंने तो इसे कम समझा था,

पर . . , ये ज़ज्बात,

ये ख़यालात और ये ख़्वाहिशें,

समँदर से कम नहीं हैं।

21. दिल को खुशबू सा बना कर

ये ख़ुशी भी, जज़्बातों को उछाल देती है,
दिल को खुशबू सा बना कर,
रूह को उछाल देती है।

22. बड़ा ही नाज़ूक हुनर है

खुशियाँ, हँसी से भरी होती हैं,
चेहरे का नूर यही बताता है,
ये, बड़ा ही नाज़ूक हुनर है,
दुनियाँ की हँसी से ही, खो जाती है।

23. फिर वही होने की गुंजाईश रहती है

बात करते रहने से,

रिश्ते बने रहतें हैं,

पर ये ग़ौर रखीयेगा,

के ये रिश्ते बहुत नाज़ूक आँखें हैं,

इन आँखों में सिर्फ महोब्बत रखीयेगा।

कानों की भी रिश्तों में, ख़ूब साझेदारी है,

ध्यान से सुनियेगा के ग़लतफ़हमी की,

कोई गुंजाईश न हो,

वर्ना दिल को जो सुनता है,

फिर वही होने की गुंजाईश रहती है।

अब आगे सुनीयेगा . . . . ,

ज़ुबाँ की भी बहुत एहमीयत है रिश्ते निभाने में,

क्यूँ कि, ज़ुबाँ से ही रिश्ते बनते और टूटते हैं,

जो दिल में गुंजाईश बैठ गई,

वो ज़ुबाँ से निकलती है।

महोब्बत की, गुंजाईश की . . . गुंजाईश है,

तो ठीक,

नहीं तो नफ़रत की गुंजाईश में,

रिश्तों की अर्थी निकलती है।

24. दिल का क़त्ल होता है

नफ़रत की चोट से दिल ज़ख़्मी होता है,
और बार बार की चोट से,
दिल का क़त्ल होता है।

25. ख़ुदा ही बोल उठा

ख़ुदा की इस दुनियाँ में,
महोब्बत का सरूर होना था,
ख़ुदा ही बोल उठा,
ये क्या हो गया मुझ से,
मुझे तो महोब्बत का बीज बोना था।

26. ये तमाम उम्र, ग़लतफ़हमिओं में रहा है

कुरसीओं का गरूर तब टूटता है,
जब उसे जलाने के लिए तोड़ा जाता है,
ये तमाम उम्र, ग़लतफ़हमिओं में रहा है,
की क्या ? मेरी जगह भी कोई ले सकता है!

27. बेचैन रहता है

टिकता नहीं है ज़ालिम,
बेचैन रहता है,
ख़्वाहिशों के इस दौर में,
नन्हें, शरारती, बच्चों की तरह,
कुछ-कुछ, थोड़ी-थोड़ी देर में,
कुछ नया,
पाने को बेचैन रहता है।

28. अपने दायरे से निकल कर देखो

अक्सर गुस्ताख़ियां मुझे कहतीं हैं,
"बन्दा बन जा" ,
और जब मेरी उम्र के साथी मुझे मिलते हैं,
तो वो कहतें हैं,
"अभी भी तू बदला नहीं"
गुस्ताख़ियां और उम्र के तकाज़े,
अक्सर समझदारी ढूँढतीं हैं।
जीवन भी क्या कसरत है,
कोई फिट तो कोई अनफिट है,
समझदारी का नमूना,
मैंने भीड़ में देखा,
जब लोग एक दूसरे की टांग खींच रहे थे,
मैंने में सोचा,
शायद अब समझदारी का भी विकास हो रहा है।
चलो अब . . . . , सच्चाई की तरफ मुड़ते हैं,
इस विकास के दौर में,
लोग, बोलने का लहज़ा भूल रहें हैं,
अपने दायरे से निकल कर देखो,
इसी लहज़े में लोग, समझदार दिख रहें हैं।

29. अभी जज़्बातों का शहर नहीं बना

टूटते हुए महंगे कांच की कीमत,
टूटे हुए दिल से कहीं ज़्यादा है,
अक्सर महंगे टूटे कांच के टुकड़े से,
मैंने दिल के कई क़त्ल होते हुए देखें हैं,
इसमें कानून भी लाचार सा नज़र आता है,
अभी जज़्बातों का शहर नहीं बना,
बन जाये तो बन्दे में ख़ुदा घूमे।

30. ख़ुद मैं, ख़ुद को सज़ा दे सकता हूँ

ये ख़ुदा का बनाया हुआ जहान है,
जिसे समाज भी कहते हैं,
मुझे मालूम है,
के मेरे अक्श के नमूने भी,
इस जहाँ में घूमते होंगे,
जो मैं हूँ, सब यही (आप) से ,
इसी समाज से लिया है,
मुझे खुद में ढूंढो !
बोलना जायज़ है ख़ुद से,
रूठ कर, गैरों पर कहर न कर,
कुछ हासिल नहीं होता,
पथरों पर सर टकराने से,
मेरी रंजिश के लीये कोई नहीं क़ाबिल,
ख़ुद मैं, ख़ुद को सज़ा दे सकता हूँ।

31. क़ाबिल होने के लिए चलना ज़रुरी है

मेरे रास्ते के सफ़र का जायज़ा ,
आप मत लीजिये,
ये जीवन भी रास्ते जैसा ही है,
आप बस मुझे अपने तजुर्बे बताइये,
अगर तजुर्बे कड़वे हैं, थोड़ा सहम जाऊँगा,
क़ाबिल होने के लिए चलना ज़रुरी है।

32. मेरा आसमां यूँ ही नहीं देख सकता कोई

मेरा हुनर अक्सर राज़ होता है,

इस लिए रोज़ दफ़्न होता है,

ख़ामोश चेहरे पर रोज़, सूरज उजाला करता है,

वर्ना हम तो अँधेरे में ही रहते ,

लोग अक्सर सवाल करते हैं,

के ये सूरज कहाँ है ?

जो इस शख़्स के अक्श को रोशन करता है,

मैं साफ-साफ बता दूँ, तीख़े शब्दों में,

मेरा आसमां यूँ ही नहीं देख सकता कोई,

तमाम उम्र गिर के उठा हूँ।

33. जब बच्चे ज़िद्द में अड़ जाते हैं तो

बच्चो के लीये,

हर दिन, हर रोज़,

त्योहार होता है,

बच्चो को किसी भी दुकान में ले जाओ ,

त्योहार जैसा ही शोर होता है।

जब बच्चे ज़िद्द में अड़ जाते हैं तो,

बच्चो बहलाने का,

माँ-बाप नया ढंग ढूँढ़ते हैं,

और बोलते हैं,

बेटा, चलो . . . यहां से,

खिलौना बाज़ार से ले ले गें,

इस दुकान में,

पुराना-ख़राब खिलौना बिकता है,

किसी और अच्छी दुकान से,

इस से भी अच्छा,

दूसरा खिलौना ले ले गें।

आगे दुकानदार बेचारा ख़ामोश सा खड़ा,

बिक जाए कुछ इस उम्मीद से,

मुस्कुराता हुआ बोलता है,

कोई बात नहीं बेटा,

कुछ दिन में नया खिलौना और आ जाएगा,
अभी पापा की बात मान लो,
अब ये बताओ, कौन सी चॉकलेट खाओगे।

34. ज़रूरतों में पैसा ख़र्च नहीं होता

त्योहार में अक्सर,

ज़रूरतों में पैसा ख़र्च नहीं होता,

ये तो परम्पराओं, संस्कृति और विरासत की ख़्वाहिशें होती हैं,

जो ज़रूरतों से कहीं ज़्यादा होती हैं।

35. शौक का सामान यूँ ही ले लेते हैं

बाज़ार में,
ज़रूरतों से ज़्यादा सामान बिकने को पड़ा है,
कई ग्राहक बिना सोचे,
शौक का सामान यूँ ही ले लेते हैं।
और कुछ ग्राहक जेब में पड़े बटुवे को देख कर,
कौन सा सामान बहुत ज़रूरी है लेने को,
बस ! इसी सोच में खड़े रहते हैं।

36. मन की एक बात ले लेता हूँ

इस जहाँ के, ज़हन से पकड़ कर,
जज़्बात उठा लेता हूँ ,
हज़ारों जज़्बातों से,
मन की एक बात ले लेता हूँ,
बस मुझे, चार लाईने लिखनी हैं, जनाब,
बस इसी में क़ायनात संभाल लेता हूँ।

37. काश! तुम भी ढूंढ लेती मुझमें

मुझे कुछ नया मिला,
तुझ में,
जो नहीं था मुझ में,
जब तुम मुझ को मिल गई,
बस तुमको ये ही कमी खली।
जो नहीं था मुझ में ,
काश! तुम भी ढूंढ लेती मुझमें,
कुछ नया, जो नहीं था तुझ में।

38. दिल मिले या न मिले

लोग सुनते हैं अक्सर, दूसरों से सीखने के लिए,

हम सुनते हैं अक्सर, दूसरों को जानने के लिए,

यही गुस्ताख़ी हो जाती है मुझसे,

जानने के बाद नीयत का पता चल जाता है,

और उसी से दुरी हो जाती है मुझ से।

मुझे भी सीखना होगा,

की कैसे निभाए जाते हैं रिश्ते !

दिल मिले या न मिले,

बस दुनिया मिलती रहे मुझ से।

39. संभल कर बोलना पड़ता है

कड़वी और तीखी सोच को,
शख़्सियत संभाल लेती है,
मीठे बोल, बोल कर,
रिश्ते संभाल लेती है।
रोज़ रिश्तों में,
संभल कर बोलना पड़ता है,
ज़ुबाँ कब फिसल जाए,
रोज़ ये ध्यान रखना पड़ता है।

40. हुनर सीखना होगा बेचैनी को बाँधने का

वो ज़माने गए,
जब ज़ुबाँ तहज़ीब के दायरे में रहती थी,
वक्त आज उड़ने का है,
ज़ुबाँ, अब तहज़ीब-ए-अख़्लाक़ में कहाँ ,
बंध कर रहती है।
आगे गौर से सुनीयेगा . . .
माना के ख़्वाहिशों का दौर उड़ने का है,
पर लोग, इसमें भी क्यूँ बेचैन रहतें हैं ?
हुनर सीखना होगा बेचैनी को बाँधने का,
इसके लीये,
ज़ुबाँ को तहज़ीब में रखना होगा।

41. मैंने तो इसे कम समझा था

इस जहाँ में,
ख़्वाहिशों की लहर बहुत आई है,
जिस व्जह से, हर ख़्वाहिश ही लहर जो जाती है,
अक्सर समँदर में लहरें उठतीं हैं,
मैंने तो इसे कम समझा था,
पर . . , ये ज़ज्बात,
ये ख़यालात और ये ख़्वाहिशें,
समँदर से कम नहीं हैं।

42. फिर वही होने की गुंजाईश रहती है

बात करते रहने से,

रिश्ते बने रहतें हैं,

पर ये ग़ौर रखीयेगा,

के ये रिश्ते बहुत नाज़ूक आँखें हैं,

इन आँखों में सिर्फ महोब्बत रखीयेगा।

कानों की भी रिश्तों में, ख़ूब साझेदारी है,

ध्यान से सुनियेगा के ग़लतफ़हमी की,

कोई गुंजाईश न हो,

वर्ना दिल को जो सुनता है,

फिर वही होने की गुंजाईश रहती है।

अब आगे सुनीयेगा . . . . ,

ज़ुबाँ की भी बहुत एहमीयत है रिश्ते निभाने में,

क्यूँ कि, ज़ुबाँ से ही रिश्ते बनते और टूटते हैं,

जो दिल में गुंजाईश बैठ गई,

वो ज़ुबाँ से निकलती है।

महोब्बत की, गुंजाईश की . . . गुंजाईश है,

तो ठीक,

नहीं तो नफ़रत की गुंजाईश में,

रिश्तों की अर्थी निकलती है।

43. कुछ तहज़ीब तुझ में बची है

टकरातीं हैं,
रंजिशें नज़रों से,
कुछ हद तक . . . . ,
रोज़ संभल जाता है,
कुछ बिखरने को।
शुक्र है ख़ुदा का,
कुछ तहज़ीब तुझ में बची है,
वर्ना सब बिखर जाता।

44. ये राज़ सिर्फ मुझको पता है

मुझे ख़ुद से,
बहुत गिला है,
ये राज़ सिर्फ मुझको पता है,
में अक्सर हसता हुआ "जी" में बात करता हूँ ,
इसके पीछे क्या दबा है ,
ये राज़ सिर्फ मुझको पता है।

45. एक ग़लत-फ़हमी दूर कर देतें हैं

चलो आपकी,
एक ग़लत-फ़हमी दूर कर देतें हैं,
के अक्सर, मैं आप लोगों के बीच रहता हूँ।
मेरी सोच के दायरे, आप लोगों की,
सोच की दहलीज़ में नहीं आते ,
में अक्सर आप लोगों की भीड़ में रहता हूँ।

46. लोग बहुत फ़ायदा उठातें हैं

मुझे क़ाबिल नहीं बनना,
मुझे अपने में रहने दो,
लोग बहुत फ़ायदा उठातें हैं।
काबलीयत का फ़लसफ़ा ,
अक्सर ख़ुद के काम नहीं आता,
मुझे क़ाबिल नहीं बनना,
मुझे अपने में रहने दो।

47. हुनर मेरा कुछ नहीं

हुनर मेरा कुछ नहीं,
क्यूँ की मैंने इसे ज़ाहिर नहीं किया ,
ज़ाहिर हो, तो हुनर दिखे,
वर्ना मेरा हुनर कुछ नहीं।

48. मेरा इधर ख़्याल नहीं

रोज़ नुक्स निकालतें हैं मुझमें,
सच कहूं, तो इसमें मेरा ध्यान नहीं,
कुछ और ही चल रहा है ज़हन में ,
मेरा इधर ख़्याल नहीं।

49. मैं दूर निकल जाऊँगा

मैं क़ाबिल हूँ अपने हिस्से का,
आप क़ाबिल हैं अपने हिस्से के,
आप अपनी काबलीयत से,
मेरी शख़्शियत को मत मापें,
यहीं रह जाओगे ,
मैं दूर निकल जाऊँगा ,
अपने सफ़र में,
फिर करना ज़िक्र काबलीयत का,
के किसके हिस्से की काबलीयत,
कितनी उचाई में है।

50. ख़ुद से मिला करो

अपने हिस्से का करम कर देता हूँ,
मुझ से गिला मत करो,
मेरा हिसाब करने से पहले,
ख़ुद से मिला करो।

51. इश्क़ ख़ुद-ब ख़ुद आप को ढूंढेगी

बहुत प्यासी -प्यासी नज़रे,
इश्क़ ढूंढ़तीं हैं,
जनाब . . . नज़रों को थाम कर रखीये,
ढूंढ़ने की ज़रूरत नहीं,
क्यूंकि ये ढूंढ़ने की चीज है नहीं,
आप अपने करम पर नज़र रखीये ,
इश्क़ ख़ुद-ब-ख़ुद आप को ढूंढेगी,
क्यूंकि यहां और भी प्यासी प्यासी नज़रे हैं,
जो आप को ढूंढ़तीं हैं।

52. इश्क़ की कोई सीमा नहीं

इश्क़ की कोई सीमा नहीं,
इश्क़ तो ख़ुद से.
करम से,
हुस्सन से,
और ख़ुदा से,
किसी से भी हो सकता है,
बस, रास्ता और नज़र,
सही रखना।

53. आज-कल इश्क़

आज-कल इश्क,
ख़तों में,
नज़र नहीं आता।
पहले महोब्बत,
ख़तों में लफ़्ज़ों से बयाँ होती थी,
आज, ज़माना बदल गया है,
अब, महोब्बत मोबाइल से,
Images और videos से बयाँ होती है।

54. कागज़ में शब्द

मैं ख़्यालों को,
कागज़ पर बयाँ करता हूँ,
फिर, कागज़ में शब्द,
ख़्यालों को बोलतें हैं,
फिर ये बोलते हुए ख़्याल ,
तस्वीर बना देती है,
इतना कुछ हो जाने के बाद,
फिर, इस तस्वीर का ज़िक्र,
ज़माना बयाँ करता है।

55. हम इसी ग़लतफ़हमी को दूर करतें हैं

कुछ भी नहीं हमारे पास,

महोब्बत के सिवाए,

हम महोब्बत से घर पालते हैं।

लोग कहते हैं के महोब्बत से, पेट नहीं भरता,

आप ने इसी बात से अंदाज़ा लगा लीया होगा,

के मेरे घर की रसोई ख़ाली है !

पर ये ग़लतफ़हमी भी, हम दूर कर दें,

के हमारे घर की रसोई ख़ाली नहीं है।

हम तो सिर्फ महोब्बत के,

ज़िक्र को महफ़ूज़ करते हैं,

अक्सर लोग कहते हैं के इस ज़माने में,

महोब्बत का घर नहीं बनता,

जनाब! हम इसी ग़लतफ़हमी को दूर करतें हैं।

56. आपकी विरासत में पला हूँ

अक्सर लोग उत्सुक रहते हैं,
के मैं कहा का हूँ,
संजय, मैं आज बता ही देता हूँ,
के मैं कहाँ का हूँ,
मेरे ख़्यालों की महक का जादु,
ये बयाँ करता है,
के मैं यहाँ का हूँ।
आप की सोच का दायरा तंग न हो,
ख़ुदा को आपकी नज़र करता हूँ,
मेरी सोच का ख़ुला आसमां,
इसी धरती पर बना है,
और ये में बता दूँ,
के ये धरती तो ख़ुदा की है,
बस, मैं आपकी विरासत में पला हूँ।
ये विरासत भी ख़ुदा से कम नहीं,
इस जहाँ के, ख़ुदा के बन्दों ने ही,
इस विरासत को बनाया
और महफ़ूज़ रखा है,
जो इसमें पलता है, वही विरासत का किस्सा है,
यहां के फ़लसफ़े ख़ुदा के ज़हन से निकलते हैं,

जो इस फ़लसफ़े को जान लेते हैं
वो बनके, ख़ुदा के फ़रिश्ते निकलते हैं।

57. सोच और आलस्य

ये उनके लिए,
जिनके जीवन के,
बिस्तर पर आलस्य और ज़हन में सोच घुसी रहती है:
"सोच और आलस्य बहुत रफ़्तार की गाड़ी है, जनाब !
सोच में जिंदगी और आलस्य में वक्त गुज़र जाता है।

58. सांस फूल जाती है

किच-किच से जिंदगी,
बद से बदतर हो जाती है।
जनाब, दिल को थामीये,
सांस फूल जाती है।

59. ऐसे ही शोहरत वाले लोग

अक्सर,

चाँद,

दिन में भी,

नज़र आ जाता है,

गौर किजीयेगा, लेकिन,

चाँद की चांदनी तो रात को नज़र आती है,

दिन में,

ये सूरज,

चाँद की चांदनी बिखरने नहीं देती,

अब गौर से समझीयेगा -

ऐसे ही शोहरत वाले लोग,

मुझ से जला करतें हैं,

मेरे हुनर को ये लोग नज़रअंदाज़ करतें हैं।

60. जो लोग चेतावनी से बंध कर रह जाते हैं

बहुत साजिश है,

इस नगर में,

इस नगर में, पहुँचने से पहले ही,

मुझे लोगों ने सावधान करना शुरू कर दिया था,

के में संभल के रहूं,

और अपने सलीके को तहज़ीब में रखूं,

पर मैंने महसूस किया !

जो लोग चेतावनी से बंध कर रह जाते हैं,

तो . . . , जो सलीका, तहज़ीब में बसा होता है,

वो भी रुक्सत सा होने लगता है,

और सारा आत्मविश्वास,

डगमगाता सा नज़र आता है।

61. सुलझे हुए ख़्यालों का

ये शख़्स,
बहुत मशरूफ़ रहता है,
(गौर कीजिएगा "मशरूफ़ रहना भी एक ख़ूबसूरती है)
न जाने कौन सी, गुथी सुलझा रहा है।
ज़हन में इसके,
जज़्बातों से भरे बहुत ख़्याल हैं,
न जाने कौन सा, ख़्याल सुलझा रहा है।
आगे सुनीयेगा . . . .
सुलझे हुए ख़्यालों का, लोग ख़्याल करतें हैं,
ये जो शख़्स है,
यही बता रहा है।

62. इंतज़ार के बाद ही

इंतज़ार, बहुत बड़ी उम्मीद है,
इसे कम मत आंकना,
घर से जब पिता निकलता है,
ढ़ोह कर, कंधे पर जिम्मेवारियाँ,
तब, माँ के जज़्बात भी, हल्के नहीं होते,
बहुत भारी होती है, जज़्बातों की नमी,
इंतज़ार से पहले।
बेचैनी से भरा मन ,
उम्मीदों की नज़म गाती है,
यूँ ही नहीं, जिम्मेवारियाँ के साथ पिता,
घर से निकलता है।
तसल्ली तब होती है, उम्मीदों का इंतज़ार,
जब ख़त्म होता है।
इंतज़ार का किस्सा जज़्बातों से भरा होता है,
इसे कम मत आंकना,
इंतज़ार के बाद ही, ख़ुशी नसीब होती है।

63. बची-खुची समझदारी भी छीन लेते हैं

इस शहर में,

हर शख़्स, एक नया किस्सा है,

यहां हर शख़्स,

अपने किस्से का शोर ख़ुद मचाता है,

कोई क़ाबिल शख़्स ही,

अपनी बात सही ढंग से बता पाता है।

नए तजुर्बे हासिल करते हुए, सहमे से लोग, उम्मीद करतें

हैं के काश !

कोई ख़ुदा का फरिश्ता मिल जाए और मुझे रहने की ज़मीं

मिल जाए, पर लोग अभी सीख रहें हैं:

अभी इनको नए शहर के,

ज़हन में क्या है! ये अंदाज़ा नहीं है,

और कुछ लोग शहर में आकर,

बर्बाद ही जो जाते हैं,

आगे गौर कीजिएगा . . . . .

नए लोग, नई सोच, नये लहज़े,

सलीके से आते हैं।

इनमें समझदारी से बात करने की, और समझदारी दखाने

की होड़ सी होती है,

और ये क़ाबिल होने के लीये ज़रूरी भी है।

(आगे मेरे ख़्याल को समझीयेगा . . . .)
समझदारी वहीं उठती है,
जहाँ समझदार लोग होते हैं,
नहीं तो कुछ बे-ग़ैरत लोग,
बची-खुची समझदारी भी छीन लेते हैं,
(. . . . तो बहुत ख़्याल रखना होता है नये शहर में,
अक्सर लोग बदनाम होते हैं शहर में,
लोग जीना तो सीख लेते , ख़ुद को पत्थर बना लेते हैं।)

64. चलो शोर मचाते हैं

चलो वक़्त निकालते हैं,
घूमने के लिए, इस शहर की और,
बहुत दिनों से , ख़ामोश बैठें हैं ,
चलो शोर मचाते हैं,
इस शहर की और,
ख़ामोश रह कर बहुत दिन बिता लीये,
चलो अपने नाम का, डंका बजाते हैं,
इस शहर की और।

65. दिल में मोहब्बत बसा कर रखीये

ज़ुबाँ को ध्यान से चलाईये,
इसी से जीवन कटता है,
सब को साथ ले कर चलना है,
दिल में मोहब्बत संभाल कर रखीये,
दूर तक जिंदगी है,
और मौत तक चलना है,
दिल में मोहब्बत बसा कर रखीये,
सब को साथ ले कर चलना है।

66. अन्दर की रौशनी भी बहुत ज़रूरी है

सब जानते हैं,
रौशनी बहुत ज़रूरी है,
लोग अँधेरे से डरते हैं,
बाहर की रौशनी से तो दिन होता है,
अन्दर की रौशनी भी बहुत ज़रूरी है,
ये भी सब जानते हैं।

67. इसमें अगर दूसरों को अच्छा न लगे

अगर मुझे कुछ अच्छा न लगे,
ये भी एक मसला है,
इसमें कोई गौर नहीं करेगा,
जनाब . . . . , इसमें कोई गौर नहीं करेगा,
ये तो ख़ुद का मसला है।
आगे अर्ज़ करूँगा . . . .
ख़ुद पर यकीं करके,
मुझे कुछ अच्छा करना है,
तो इसमें अगर दूसरों को अच्छा न लगे,
तो ये उनका मसला है।

68. बहुत कमी है मुझ में

बहुत कमी है मुझ में,
लोग मुझे, जज़्बातों में बाँध लेते हैं,
जज़्बातों को तोड़ना,
हमारी फ़ितरत में नहीं है,
यही कमी, मेरी, सब जानते हैं।

69. होश आई तो दिल के टुकड़े लीये खड़ा था

गौर कीजिएगा,

के दुनियाँ का एतबार लोग नहीं करते,

दुनियाँ में जो लोग हम से जुड़े हुए हैं,

उन्ही लोगों से हमारा नाता होता है,

लेकिन ये नाते भी आज-कल सिर्फ दिखाने के ही रह गये हैं।

तो इसी में एक ख़्याल, ज़ज्बात आपके लीये हाज़िर करतें हैं:

बचपन खेलता था,

आँगन में शोर मचाता हुआ,

बड़ा हुआ तो वो आँगन दो हिस्सों में बट गया,

आज बटे हुए हिस्सों का दौर देखता हूँ,

मेरे हिस्से में जो आया,

वो सिर्फ ज़मीं का टुकड़ा था,

इसी ज़मीं के टुकड़े में, मैं खड़ा था,

होश आई तो दिल के टुकड़े लीये खड़ा था।

70. ये जो घर है, अब पहले जैसा नहीं रहा

ये जो घर है, अब पहले जैसा नहीं रहा,

आज ये मकान बन गये हैं,

इस मकान में, कई घर बन गये हैं,

इन घरों में, अब माता-पिता भी मेहमान बन गये हैं।

बड़ा बेटा बोलता है, "माँ, आज मेरे घर में आ जाना, बहुत लज़ीज़ खाना बना है,

आगे, माँ बोलती है, 'बेटा तेरे पापा तुमको याद करतें हैं, कमरे में बैठे हुए,

घर बहुत दूर नहीं है, ग्राउंड फ्लोर में ही है, तुम्हारी छत के नीचे, 'आज ऐसा करना,

तुम ही पिता से मिल कर चले जाना, मुझ से तो रोज़ मिलते हो,

पिता से बात तुम्हारी कम होती है, जो तुम्हारे घर में आज बना है, वो पिता को भी खिलाते जाना।

माँ के बोल-लहज़े बहुत बदल गये हैं,

बोलने के अंदाज़ में,

अब "माँ का हक़" नज़र नहीं आता,

पिता की खामोशी, कमरे के सन्नाटे में गूँजती है,

जब पिता, कुछ सोचते हुई नज़र आते हैं।

71. हर शख़्स यहां मोबाइल हो गया है?

हर शख़्स ख़ामोश हो गया है यहां,
उसके साथ कौन कौन खड़ा है!
कुछ लम्हों में ही भूल गया है,
हर शख़्स के हाथ में मोबाइल बोलता है,
हर शख़्स यहां मोबाइल हो गया है।

72. हमको बुला कर, ख़ुद को देख रहा है

बहुत मशरूफ़ है ये शख़्स,
आईना देखने में,
बहुत व्यस्त है ये ख़ुद को देखने में,
ये क्या हो रहा है ज़माने को,
अपना बन कर, कीयुं दूर हो रहा है,
बहुत ख़ुदग़र्ज़ है, ये शख़्स,
हमको बुला कर, ख़ुद को देख रहा है।

73. समझना काफी नहीं होता

समझना काफी नहीं होता,
साथ रहने की भी ज़रूरत है,
बात करना ही काफी नहीं होता,
साथ निभाने की भी ज़रूरत है।

74. हर लोग यहां पर, एक दूसरे से जलते हैं

हर लोग यहां पर,

एक दूसरे से जलते हैं,

हँसता हुआ नक़ाब,

चेहरे पर पहनते हैं,

फिर भी इनकी महफ़िल में,

हुजूम (भीड़) बहुत रहती है,

इस हज़ूम की फ़ितरत में, हर शख़्स ये सोचता है,

के इस शख़्स के मुकाम से आगे कैसे निकलूं?

इनके जहाँ में, जज़्बातों के, हादसे बहुत होते हैं,

किसी की वजह से, किसी की जान चली जाये ,

तो वो भी हादसा ही कहलातें हैं ।

हर लोग यहां पर, एक दूसरे से जलते हैं,

हँसता हुआ नक़ाब, चेहरे पर पहनते हैं।

75. ये फ़लसफ़ा भी अच्छा है

ये ज़माने की हकीकत बयाँ करता है के सब एक जैसे हैं
यहां,
पर फिर भी हर नज़दीकी का फलसफ़ा दुरी पैदा करता है
यहां।
हम सब एक जैसे हैं यहां ,
ये फ़लसफ़ा भी अच्छा है,
मैं इस जगह में खड़ा हूँ और तुम उस जगह पर खड़े हो,
ये फ़लसफ़ा भी अच्छा है,
न मैं तुम्हारे पास पहुँच पाऊँ, न तुम मेरे पास पहुंच पाओ,
ये फलसफ़ा भी अच्छा है,
फिर बी
हम सब एक जैसे है यहां,
ये फलसफ़ा भी अच्छा है।

76. हकीम के जैसे

जब आप हारे हुए से महसूस करतें हैं। आप, न पैसा, न शोहरत, न काम, न ख़्वाहिशों की उड़ान भर पातें हैं, तो जिंदगी की राहों में कांटे नज़र आते है। ये बातें उसी शख़्स तक पहुंचेगीं, जिनका सामना ज़्यादातर शिक़स्त (हार) से होता रहा है।

शिक़स्त का जायका,
कड़वा सा होता है,
नीम के जैसे,
पर याद रखना,
जिन्दगी की तबीयत ठीक करता है,
हकीम के जैसे।

77. कुछ महफ़ूज़ भी रखा करो

हर बात की ख़बर उड़ाना ज़रूरी नहीं,

कुछ महफ़ूज़ रखा करो,

एक बात बताता हूँ . . . . . ,

उस पेड़ की शाख़ पर बहुत फ़ल लगें हैं,

पक जाने दो,

ये सब फ़ल अपने हैं,

वक़्त आने दो,

ये बात मेहफ़ूज़ रखना, ये ख़बर उड़ाना मत,

हर बात की ख़बर उड़ाना ज़रूरी नहीं

कुछ महफ़ूज़ भी रखा करो।

78. ज़हन को इस सलीके से रौशन करना होगा

डर एक ऐसी मानसिक हालत है, जिस से मनुष्य को ख़ुद ही लड़ना पड़ता है, अगर मनुष्य डर को दिमाग से न निकाल सके तो डर उस की सेहत और मानसिकता को तनाव से भर देता है, इस लिए अपने डर को दूर करने के लीये अच्छे विचारों और ख़्यालों का भण्डार इकठा करना चाहिए। इस लिए ध्यान, अच्छे विचार, अच्छी पुस्तकें और अच्छे लोगों का साथ ज़रूरी है।

ख़ौफ़ पनपता है,

ज़हन के उस कोने में,

जहाँ अँधेरे का सन्नाटा है ,

ज़हन के इस कोने को रौशन करना होगा,

ख़ौफ़ का पनपता हुआ , ये अंधेर कोना भरना होगा,

शिक़स्त देनी होगी , ख़ौफ़ के इस रूह को,

इस बात पर गौर करना होगा,

ये सिर्फ और सिर्फ तुम्हारी जंग है,

ख़ुद को ही तुम से लड़ना होगा,

ख़्यालों की चिंगारी को, सुलगाना होगा,

जज़्बातों की आग को जलाना होगा,

अँधेरा इस रौशनी से ख़ौफ़ करे,

ज़हन को इस सलीके से रौशन करना होगा।

79. इस भूल का पश्चाताप करलो

इस ज़माने में आकर,
अपने हिस्से का करम करलो,
वक़्त जो ज़ाया हो गया है, ये बहुत बड़ी भूल है,
इस भूल को ज़ाया मत करो,
समझ गए हो तो , ये ख़ुदा के बन्दों,
इस भूल का पश्चाताप करलो।

80. ये ज़माना उसी कोने में चोट करता है

ज़माने की चोट को,

थोड़ा और सहन करलो,

थोड़ा वक़्त दो ख़ुद को,

थोड़ी और कोशिश करलो,

अभी ज़हन में, जज़्बात नरम हैं,

थोड़ा और मजबूत करलो,

ज़माना यहां चोट बे-रहमी से देता है,

जान तो नहीं लेता,

पर जज़्बातों के उस कोने को ढूंढ़ता है,

जिस कोने में तू रहता है,

गौर कीजियेगा . . . . ,

ये ज़माना उसी कोने में चोट करता है।

इस ज़माने में रहने के लिए,

इसी हिस्से को और मजबूत करलो।

81. मुझे बेदाग़ रहने नहीं देते

एक और साज़िश की उसने
शख़्शियत में दाग़ लगाने की,
मुझे बेदाग़ नहीं रहने देते,
ये लोग, साजिशों के ज़हन हैं,
इनके ज़हन के बेशरम जज़्बातों के,
हाथों में पत्थर हैं,
और ये लोग कीचड़ की ज़मीं में रहते हैं,
ये अक्सर हम पर,
कीचड़ से भरे पत्थर उछालते हैं।
एक और साज़िश की उसने
शख़्शियत में दाग़ लगाने की,
मुझे बेदाग़ रहने नहीं देते।

82. लोग मुझको, मुझमे, रहने नहीं देते है

मैं मशरूफ़ रहता हूँ,

अपने जहाँ में,

मुझे लोग बेपरवाह कहते हैं,

बहुत तंग सा हो जाता हूँ में,

लोग मुझको, मुझमे, रहने नहीं देते हैं,

लोग अपना काम करतें हैं,

और मुझे, मेरा अपना काम करने नहीं देते।

83. बहुत मशरूफ़ रहतें हैं

कुछ लोग यहां ,
साजिश में नज़र नहीं आते।
अच्छे हैं !
बहुत मशरूफ़ रहतें हैं,
गुटबन्दी में नज़र नहीं आते।
बहुत अच्छे हैं !

84. मैं जानता हूँ इस शख़्स को

ये जो शख़्स, बारिश में खड़ा है,
लोग कह रहें हैं,
मज़े कर रहा है।
मैं जानता हूँ इस शख़्स को,
जनाब, बारिश में खड़ा है जो ये शख़्स,
रो रहा है,
और अपने आँसू छुपा रहा है।

85. जज़्बातों को बाँधना आसां नहीं है

जज़्बातों को बाँधना आसां नहीं है,
ये कई बार महसूस क्या है।
ये बारिश का, मौसम सा होता है,
ये कई बार महसूस क्या है।
इसे बाँधो तो हदें तोड़ देता है,
ये आँखों की नमी है,
पलकें भीगो देता है।
जज़्बातों को बाँधना आसां नहीं है,
ये कई बार महसूस क्या है।
ये बारिश का पानी है,
बिना गरजे भी बरस जाता है,
पानी के साथ गरजे तो,
बिजली गिरा देता है।
जज़्बातों को बाँधना आसां नहीं है,
ये कई बार महसूस क्या है।

86. मैं ऐसे ही बताता हूँ के मैं ज़िंदा हूँ

मैं रोज़ की सोच हूँ,
मैं रोज़ का जीवन हूँ,
मैं हँसता हूँ, और रोता भी हूँ,
मैं खेलता हूँ, मैं कर्म करता हूँ,
मैं सोता हूँ, मैं जागता हूँ,
मैं शोर मचाता हूँ और शांत भी रहता हूँ,
मेरी सोच हमेशा कुछ करती है
और
मैं ऐसे ही बताता हूँ के मैं ज़िंदा हूँ।

87. अगर मंज़िल में सफ़लता से पहुंचना है

दूर तक, के सफ़र का,

अनजाना सा ख़ौफ़,

बे-बुनियाद अफ़वाहें,

सफ़र में रुकावटों के कांटे होते हैं।

सफ़र की शुरूआत से पहले ही,

ज़हन में चुभन,

ये अवशगुण होते हैं।

अगर मंज़िल में सफ़लता से पहुंचना है,

तो ये समझ लीजिये,

हिम्मती ज़हन के असूलों में,

सफ़लता के शगुन होते हैं।

मंज़िल पर पहुँचने के लिए,

सफ़र से पहले,

ख़ूब, जब्बरदस्त यत्न होते हैं,

अनजाने से ख़ौफ़ और अफ़वाहों से,

कोई फर्क नहीं पड़ता,

अगर तयारी जी - जान

और ख़ूब यत्न से होते हैं।

88. बहुत मुसीबत में है दुनिया

कई लोग हाथों की लकीरों से परेशान हैं,
तो कई लोग परम्पराओं की देहलीज़ो से परेशान हैं।
ख़ुदा के दर में, दुआ का कबूल न होना भी,
ख़ुदा पर सवाल है।
कोई ख़ुदा से तो कोई ख़ुद से ख़फ़ा है,
बहुत मुसीबत में है दुनिया ,
जिसे भी मिलो,
कशमकश में फ़सा है।

89. मन को अलग रखते हैं

लिखना अच्छी बात है,
दिल खोल के लिखो,
और लिखे हुए पन्ने में,
मन की तसवीर बन जायेगी।
इस पन्ने में बनी हुई तसवीर को ,
अपने आईने में नज़र आती तसवीर से मिलाओ,
और देखो, की क्या आप सच में ऐसे हैं,
क्यूंकि लोग, अपने दिखते चेहरे से,
मन को अलग रखते हैं।

90. हर ख़्वाहिश इतनी दमदार तो होनी चाहिए

ख़्वाहिशों से भरा पड़ा है, ये ज़हन ,

ख़्वाहिशों की बहुत भीड़ है,

और शोर भी बहुत है,

उलझे से इस ज़हन का,

एक भी ख़्याल किस काम का,

जब हम ख़्वाहिशों की भीड़ को,

एक कतार में न कर सकें।

हर ख़्वाहिश इतनी दमदार तो होनी चाहिए,

के एक ख़्वाहिश के बाद एक सामने आये,

जब ये सामने आये, मैं कौन हूँ ?

मुझे बताने की ज़रूरत भी न पड़े

और

मेरी ख़्वाहिश ही ख़ुद,

मेरे नाम का डंका बजाये।

91. समझ लो मेरी बातों को

समझ लो मेरे अल्फ़ाज़ों को,
बड़े सरल हैं, सुनने में,
समझ लो मेरी बातों को।
बे-प्रवाही से सोचो मत,
ठीक से सोचो, अच्छा सोचो,
यार मेरे, ख़ुद को नोचो मत।
समझ लो मेरे अल्फ़ाज़ों को,
बड़े सरल हैं, सुनने में,
समझ लो मेरी बातों को।
लाहपरवाही छोड़ दो अब,
एहम वक़्त जो फिसल रहा है,
देखो इसको, परखो तुम।
ख़ुद की, न-लाईकी को दूर करो,
ख़ुद को ढूंढो , गहरी सांस भरो,
यत्न तुम्हारा, ख़ुद तुमको ढूंढ निकालेगा,
और अपनी मंज़िल पालो तुम।
समझ लो मेरे अल्फ़ाज़ों को,
बड़े सरल हैं, सुनने में,
समझ लो मेरी बातों को।

92. नानक बन के जीना आसां नहीं है

जीवन को केवल जीना, बहुत आसां है ,
हर कोई जीता है,
पर जीवन में तहज़ीब और मोहब्बत से जीना ,
आसां नहीं है।
तहज़ीब भुला दी जाती है,
जब कोई दूसरा अपनी तहज़ीब में नहीं रहता,
और मोहब्बत भी भुला दी जाती है,
जब कोई अपना नहीं रहता है।
किसी को तहज़ीब में और मोहब्बत को सलीके में,
रखना आसां नहीं है।
मन भगवान है या शैतान,
ये समझना आसां नहीं है,
इस जहाँ में मन के दोनों रूप मिलेगें।
मन के संग, मन का बन के रहना, आसां नहीं है,
वैसे तो, यूँ ही जीते जाना आसां है,
हर कोई जीता है,
मन को शांति से भरे रखना
और
नानक बन के जीना आसां नहीं है।

93. ज्योतिषी की नज़र में

हाथों की लकीरें मिट् सी गई हैं ,
हसरतों की रस्सा -कस्सी में ,
मेरी हसरतों का मुस्तक़्बिल (भविष्य) नहीं है,
ज्योतिषी की नज़र में।

94. आज रंगे हाथों पकड़ा गया है

कलम की नोक से,
सच्चाई को रु-ब-रु किया,
तो झूठ लहू-लुहान हुआ,
झूठ सफ़ेद कपडे पहना हुआ था,
और बेनक़ाब हुआ।
बहुत दिनों से ज़ालिम,
मासूमीयत के पहनावे में ढका हुआ था,
आज रंगे हाथों पकड़ा गया है।

95. किसी ने मेरी तनख्वाह छीन ली

दिवाली से पहले,

किसी ने मेरी तनख़्वाह छीन ली,

ऐसे मेरी ,हसरतों का क़त्ल हुआ।

मेरी दिवाली अँधेरे में रही,

किसी ने मेरी दिवाली छीन ली,

ऐसे मेरी आँखों का दीया जला।

सब की दिवाली, दिवाली रही,

और मेरी दिवाली में,

मेरी हसरतों का क़त्ल हुआ।

दिवाली से पहले,

किसी ने मेरी तनख़्वाह छीन ली,

ऐसे मेरी ,हसरतों का क़त्ल हुआ।

96. कैसा बन गया हूँ मैं

कैसा बन गया हूँ मैं, अजीब सा,
कोई हाल पूछता है तो जवाब देता हम मैं,
अजीब सा ,
कैसा बन गया हूँ मैं अजीब सा,
तहज़ीब मेरी क्यूँ धूल में मिल गई है,
क्यूँ बन गया हूँ मैं, अजीब सा।
चेहरे का नूर, धुंदला सा हो गया है,
हँसी भी चेहरे पर नहीं रही,
चेहरा हँसने के सलीके में नहीं रहा,
कैसा बन गया हूँ मैं अजीब सा।
बहुत ख़फ़ा सा हो गया हूँ मैं, ख़ुद से,
रहम कर ऐ ख़ुदा, मुझ को ख़ुद से मिला,
ख़ुद से जुदा हो गया हूँ मैं,
कैसा बन गया हूँ मैं, अजीब सा।

97. कुछ कमी तो आई है

रिश्तों के अपनेपन में,
कुछ कमी तो आई है,
क्या बदल गया है ?
मेरी उम्र के सिवाए, कुछ कमी तो आई है।
इतना सोचने के बाद गौर किया तो समझ गया,
पैसा, गाड़ी, शौहरत, समझदारी और चतुराई से
सब बदल गया।
जो बदल गया सब धोखा है, अपनापन तो अपना है,
मैं अपनेपन को क्यूँ बदलूँ,
अगर सब बदल गए हैं, बदलने दो,
में अपने अच्छेपन को क्यूँ बदलूँ,
मेरी फ़ितरत में झूठ नहीं,
फिर भी मेरे अच्छेपन में, कुछ कमी तो आई है,
क्या बदल गया है?
मेरी उम्र के सिवाए, कुछ कमी तो आई है।

98. अकेला मैं ही नहीं इस ग़लतफ़हमी में

इस जहाँ की भीड़ में,

मैं भी भीड़ हूँ, यकीं सा नहीं होता,

ग़लतफ़हमी में रहता हूँ,

के मुझ सा कोई नहीं रहता,

अकेला मैं ही नहीं इस ग़लतफ़हमी में,

भीड़ में जाकर किसी भी शख़्स से बात करके देख लो,

यही बोलेगा, मैं ही हूँ, इस भीड़ में,

मुझ सा कोई नहीं है।

चलो मान लेते हैं,

के ख़ुद को, भीड़ से अलग करना भी,

समझदारी का खेल है,

पर समझदारी की भीड़ में भी,

मुझसा कोई नहीं रहता।

बहुत ग़लतफ़हमी में रहता हूँ,

के मुझ सा कोई नहीं रहता।

99. आखरी सांस के बाद

डरो मत,
हार जाना कुछ नहीं होता,
आओ मैदान में,
मर जाना कुछ नहीं होता।
मरने से पहले, हार जाना कुछ नहीं होता,
अभी आख़री, सांस बाकी है,
आख़री सांस के बाद,
कुछ नहीं होता।

100. कौन सा घर है

सोचा, सब साथ हैं, अपने घर में,
इसी लीये,
बरसों बाद लौटे हैं अपने घर में,
सुना था, बहुत घर हैं,
घर की ज़मीं में,
जब पहुँचा तो टुकड़े टुकड़े थे ज़मीं के,
कौन सा घर है, कौन सी ज़मीं में,
कुछ पता न लगा, अपनी ज़मीं में।

101. पता चलता है

बहुत साज़िश है,
इस ज़मीं के टुकड़े के लिए,
पता चलता है,
जब हम, दूर रहतें हैं,
अपनी ज़मीं से,
अपना ही रिश्ता, साज़िश करता है, अपना बनके,
और लूट लेता है।
पता चलता है,
जब हम, दूर रहतें हैं,
अपनी ज़मीं से।

102. ये भी आम बात है

लूटना आम बात है,

अकेले को, सन्नाटे में,

भीड़ में चोरी होना भी आम बात है।

तकलीफ़ तो उस वक़्त होती है,

जब लूटने वाला ही दिल में रहता हो।

जो लूटा गया है, वो सन्नाटे में तो क्या,

भीड़ में भी अकेला रहता है,

ये भी आम बात है।

103. एक बात है

कोशिश, यतन, प्रयास और मशक़्क़त,
एक बात है।
प्रेम, प्यार, इश्क़ और मुहोबत,
एक बात है।
कीयूँ एक दूसरे से रंजिश, झगड़ा और नफ़रत करते हो,
भगवान्, रब और ख़ुदा,
एक बात है।

104. ख़ुद को देखने का काम

ख़ुद को देखने का काम,
आँखे बंद करके होता है।
ज़माना सब लूट लेना चाहता है,
इसी लीये, ज़माना,
ख़ुद को देखने के काम से डरता है।

105. बहुत मशक़्क़त है यहाँ

बहुत मशक़्क़त है यहाँ,
वसीयत संभाले रखना,
एक तो लोग बहुत मासूम हैं,
और ऊपर से बहुत चोर है यहाँ,
बहुत मशक़्क़त है यहाँ,
वसीयत संभाले रखना।

106. मैं बेवकूफ़ नज़र आता हूँ

पलकें झपकाना आसां नहीं है ,
पल भर में, पैरों तले ज़मीं नहीं दिखती,
पलकें झपकाना ज़रूरत भी है,
मुझे रिश्तों को नहीं खोना,
यूँ ही रिश्ते को गवा देने में,
मुझे समझदारी नहीं दिखती।
इसी लीये अक्सर कुछ बातों को नज़रअंदाज़ करता हूँ,
कुछ बातों को नज़रअंदाज़ करने में,
मैं बेवकूफ़ नज़र आता हूँ,
चालाकियों में मुझे समझदारी नहीं दिखती।

107. अलविदा कहता हूँ

बहुत कम लफ़्ज़ों में,
रंजिश को समेटता हूँ,
और अलविदा कहता हूँ,
मेरे कानों को, शोर भरे अलफ़ाज़ पसन्द नहीं हैं,
बात बढ़ने से पहले ही अलविदा कहता हूँ।
दुआ करना, कल जब मुलाक़ात होगी,
आज की रंजिश का असर,
कल की मुलाक़ात में न हो,
इसी आरज़ू से,
अलविदा कहता हूँ।

108. आप तक पहुँचता हूँ

छोटी - छोटी बातों का,
मैं चेहरा हूँ,
छोटे - छोटे रास्तों से गुज़रता हूँ,
मंज़िल भी मेरी बहुत बड़ी नहीं है,
छोटी - छोटी बातों से,
आप तक पहुँचता हूँ।

www.ingramcontent.com/pod-product-compliance
Lightning Source LLC
Chambersburg PA
CBHW031259130726
47988CB00007B/2642